Impressum
Verlag: BABADADA GmbH, Nedderfeld 112 , 22529 Hamburg
Geschäftsführer / Verlagsleitung: Harald Hof
Druck: Books on Demand GmbH, In de Tarpen 42, 22848 Norderstedt

Imprint
Publisher: BABADADA GmbH, Nedderfeld 112 , 22529 Hamburg, Germany
Managing Director / Publishing direction: Harald Hof
Print: Books on Demand GmbH, In de Tarpen 42, 22848 Norderstedt, Germany

skole

ቤት-ትምህርቲ

klasseværelse
ክፍሊ ክላስ
dividere
መቀለ
186/2
tavle
ሰሌዳ
skolegård
ቀጽሪ ቤት-
ትምህርቲ
lærer
መምህር
papir
ወረቐት
skrive
pen
skrivebord
ጣውላ ምጽሓፍ
lineal
መስመር
bog
መጽሓፍ
elev
ተመሃራይ

skoletaske

ሳንጣ ትምህርቲ

penalhus

ሰፈር ብርዒ

blyant

ርሳስ

blyantspidser

መብልሒ ርሳስ

viskelæder

መደምሰሲ

tegneblok

ጥራዝ ስእሊ

2

skole - ቤት-ትምህርቲ

tegning

ስእሊ

pensel

ብርዒ ቀለም

æske med vandfarver

ቦክስ ቀለም

saks

መቐስ

lim

መጣበቒ

opgavehefte

ጥራዝ መላመዲ

lektie

ዕዮ ገዛ

tal

ቁጽሪ

addere

ወሰኽ

subtrahere

ጎደለ

multiplicere

ረብሐ

regne

ደመረ

A

bogstav

ፊደል

ABCDEFG
HIJKLMN
OPQRSTU
VWXYZ

alfabet

ስርዓት ፊደላት

hello

ord

ቃል

tekst

ጽሑፍ

læse

ኣንበበ

kridt

ኩርሽ

time

ሰዓት

klasseprotokol

መዝገብ ክላስ

eksamen

መርመራ

karakterbog

ሰርቲፊኬት

skoleuniform

ድቢዛ ቤትትምህርቲ

uddannelse

ትምህርቲ

leksikon

ለክሲኮን

universitet

ዩኒቨርሲቲ

mikroskop

ሚክሮስኮፕ

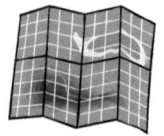

kort

ካርታ

papirkurv

ጎሓፍ ወረቐት

Grand
hotel
herberg
ሆስተል
ROOMS
vekselkontor
ቦታ ቅያር ገንዘብ
EXCHANGE
kuffert
ባሊጃ
bil
መኪና

sprog
ቋንቋ

ja / nej
እወ / ኖ

okay
ሕራይ

hej
ሰላም

oversætter
ኣስተርጓሚ

tak
የቐንየለይ

hvad koster…?

. . . ክንደይ ዋግኡ?

Jeg forstår ikke

ኣይተረድኣኹን

problem

ሽግር

God aften!

ሰላም ምሸት!

God morgen!

ከመይ ሓዲርካ

God nat!

ሰላም ለይቲ

farvel

ደሓን ኩን

retning

ኣንፈት

bagage

ጉዓዝ

taske

ሳንጣ

rygsæk

ሳንጣ ሕቖ

gæst

ጋሻ

værelse

ክፍሊ

sovepose

ክሻ መደቀሲ

telt

ቴንዳ

turistinformation

....

ሓበሬታ በጻሕቲ ሃገር

strand

....

ገምገም ባሕሪ

kreditkort

....

ክረዲት ካርድ

morgenmad

....

ቁርሲ

middagsmad

....

ምሳሕ

aftensmad

....

ድራር

billet

....

ቲከት

elevator

....

ሊፍት

frimærke

....

ማሕተም ደብዳበ

grænse

....

ዶብ

told

....

ድጓና

ambassade

....

ኣምበሲ

visum

....

ቪዛ

pas

....

ፓስፖርት

transport

መጓዓዝያ

flyvemaskine
ነፋሪት
skib
መርከብ
brandbil
መኪና መጥፍኢ ሓዊ
bus
lastbil
ናይ ጽዕነት መኪና
motorbåd
ጃልባ ሞቶር
cykel
ብሽግለታ
bil
መኪና

færge
ፈሪ

båd
ጃልባ

motorcykel
ሞቶ

politibil
መኪና ፖሊስ

racerbil
መኪና ቅድድም

lejebil
ክራይ መኪና

samkørsel

ምውፋይ መካይን

kranbil

መወሰዲ መኪና

skraldebil

መኪና ጎሓፍ

motor

ሞቶር

benzin

ነዳዲ

tankstation

እንዳ ነዳዲ

trafikskilt

ምልክት ትራፊክ

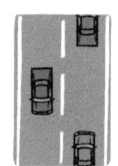

trafik

ትራፊክ

trafikprop

ምጭቕጫቕ ትራፊክ

parkeringsplads

መዐሸጊ መኪና

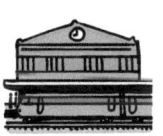

banegård

መዕረፊ ባቡር

skinner

ሓዲግ

tog

ባቡር

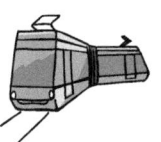

sporvogn

ትረም

wagon

ባጎኒ

helikopter

ሄሊኮፕተር

lufthavn

መዓረፊ ነፈርቲ

tårn

ታወር

passager

ተጐዓዚ

container

ኮንተይነር

karton

ሳንዱቕ ካርቶን

kærre

ኮርሳ ጽዕነት

kurv

ዘንቢል

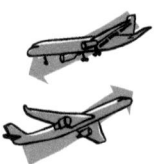

starte / lande

ተበገሰ / ዓለበ

by

ከተማ

landsby

ቁሸት

bymidte

ማእከል ከተማ

hus

ገዛ

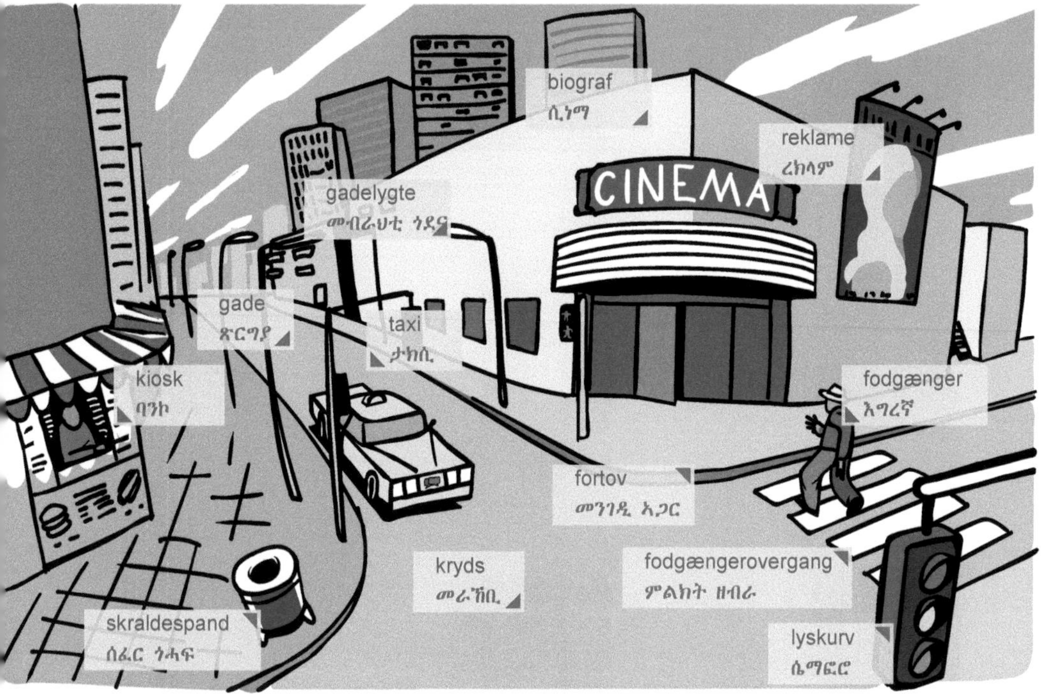

biograf
ሲነማ
reklame
ረክላም
gadelygte
መብራህቲ ጎደና
gade
ጽርግያ
taxi
ታክሲ
kiosk
ባንኮ
fodgænger
እግረኛ
fortov
kryds
መራኸቢ
fodgængerovergang
ምልክት ዘብራ
skraldespand
ሰፈር ጎሓፍ
lyskurv

hytte

ኣጕዶ

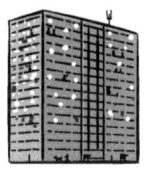

lejlighed

ኣፓርትመንት

banegård

መዕረፊ ባቡር

rådhus

ቤት ምምሕዳር

museum

ቤተ መዘክር

skole

ቤት-ትምህርቲ

universitet

ዩኒቨርሲቲ

bank

ባንክ

sygehus

ሆስፒታል

hotel

መቐበሊ ኣጋይሽ

apotek

ቤት መድሃኒት

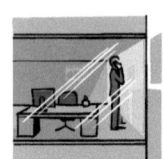

kontor

ቤት ጽሕፈት

B

boghandel

ዱኳን መጽሓፍቲ

butik

ዱኳን

blomsterbutik

ዱኳን ዕንባባ

supermarked

ሱፐርማርክት

marked

ዕዳጋ

stormagasin

ሹቕ

fiskehandler

ነጋዳይ ዓሳ

butikscenter

ሹቕ

havn

መርሳ

12

by - ከተማ

park

መዘናግዒ

bænk

ባንኪ

bro

ድልድል

trappe

መደያይቦ

undergrundsbane

ባቡር ትሕቲ ምድሪ

tunnel

ቢንቶ

busstoppested

መዕረፊ ኣውቶቡስ

barnevogn

ቤት መስተ

restaurant

ቤት-መግቢ

postkasse

ሰታሪት

vejskilt

ታቤላ

parkometer

ሰዓት ፓርኪንግ

zoo

መካነ እንስሳታት

badeanstalt

መሓምበሲ

moske

መስጊድ

bondegård

ቤት ሕርሻ

miljøforurening

ብከላ

kirkegård

መቓብር

kirke

ቤተክርስትያን

legeplads

ቦታ ምጽዋት

tempel

ቤት መቕደስ

landskab

ስእሊ መሬት

blad
አቛ ጽልቲ

vejviser
መሕበሪ መገዲ

vej
መገዲ

eng
ሻዥ

sten
እምኒ

vandrer
ኮብላሊ

træ
ኣግራብ

flod
ፈለግ

græs
ሰዓሪ

blomst
ዕንባባ

dal

ስንጭሮ

bjerg

ጎቦ

sø

ቀላይ

skov

ዱር

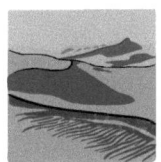

ørken

ምድረ በዳ

vulkan

እሳተ-ጎመራ

slot

ግምቢ

regnbue

ቀስተ-ደመና

svamp

ቃንጥሻ

palme

ዓርኮብኮባይ

moskito

ጣንጡ

flue

ሃመማ

myre

ጻጸ

bi

ንህቢ

edderkop

ሳሬት

bille

ሕንዚዝ

frø

ዕንቅርዖብ

egern

ምጽጹላይ

pindsvin

ቅንፍዝ

hare

ማንቲለ

ugle

ጉንጓ

fugl

ጭሩ

svane

ስዋን

vildsvin

መፍለስ

hjort

ዓጋዘን

elg

ሙስ

dæmning

ግድብ

vindmølle

ተርባይን ንፋስ

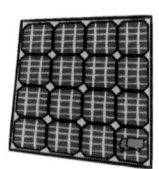

solcellemodul

ሶላር ስርሓት

klima

ኩነታት ኣየር

tjener
አሰላፊ

spisekort
ካርታ
መግብታት

stol
መንበር

suppe
መረቅ

pizza
ፒትሳ

bestik
መመታተሪ

borddug
ክዳን ጣውላ

forret

ቅድመ ቀንዲ መግቢ

hovedret

ቀንዲ መኣዲ

dessert

ድሕረ መግቢ

drikkevarer

መስተ

mad

መግቢ

flaske

ጥርሙዝ

fastfood

ስሉጥ መግቢ

streetfood

መግቢ ጽርግያ

tekande

ብርጭቆ ሻሂ

sukkerdåse

ታኒካ ሽኮር

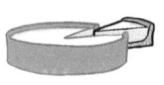

portion

ክፋል

espressomaskine

ማሺን ኤስፕረሶ

barnestol

ነዊሕ መንበር

faktura

ጸብጻብ

tablet

ታብለት

kniv

ካራ

gaffel

ፋርከታ

ske

ማንካ

teske

ማንካ ሻሂ

serviet

ሰርቭየተ

glas

ብኬሪ

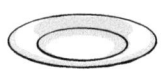

tallerken

ሽሓኒ

dyb tallerken

ሽሓኒ መረቕ

underkop

ትሕቲ ኩባያ

sovs

ጸብሒ

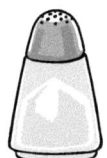

saltbøsse

ወሃቢ ጨው

peberkværn

መጥሓን በርበረ

eddike

ኣቸቶ

olie

ዘይቲ

krydderier

ቀመም

ketchup

ክቹፕ

sennep

ኣድሪ

mayonnaise

ማዮኒዝ

supermarked

ሱፐርማርክት

tilbud
ወፈያ
kunde
ዓሚል
mælkeprodukter
ፍርያታት ጸባ
frugt
ፍረታት
indkøbsvogn
ሰረገላ ዱኳን

slagter

እንዳ ስጋ

bageri

እንዳ ባኒ

veje

ክብደት

grøntsager

ኣሕምልቲ

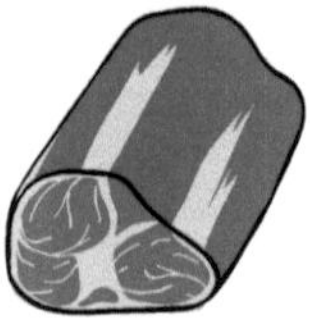

kød

ስጋ

frostvarer

መግቢ ፍሪጅ በረድ

pålæg

ዝሑል ቅሩብ መግቢ

konserves

እስቃጥላ

vaskemiddel

ኦሞ

slik

ምቁር መግቢ

husholdningsvarer

ዘቤታውያን ኣቕሑ

rengøringsmidler

ናውቲ መጸረዩ

ekspedient

ሸቃጣይ

kasse

ካሳ

kasserer

ተሓዛ ገንዘብ

indkøbsliste

ዝርዝር ምግዛእ

åbningstider

ክፉት ሰዓታት

tegnebog

ማሕፉዳ

kreditkort

ክረዲት ካርድ

taske

ሳንጣ

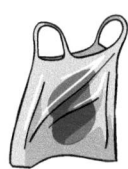

plasticpose

ፌስታል

drikkevarer

መስተ

vand

ማይ

saft

ጽማቕ

mælk

ጸባ

cola

ኮላ

vin

ነቢት

øl

ቢራ

alkohol

አልኮል

kakao

ካካው

te

ሻሂ

kaffe

ቡን

espresso

ኤስፕረሶ

cappuccino

ካፑቺኖ

banan

ባናና

æble

ቱፋሕ

appelsin

ኣራንሺ

melon

ብርጭቕ

citron

ለሚን

gulerod

ካሮት

hvidløg

ጻዕዳ ሽጉርቲ

bambus

ባምቡስ

løg

ሽጉርቲ

svamp

ቅንጥሻ

nødder

ፉል

nudler

ፓስታ

spaghetti

ስፓገቲ

ris

ሩዝ

salat

ሰላጣ

pomfritter

ቅልዋ ድንሽ

stegte kartofler

ቅሉው ድንሽ

pizza

ፒትሳ

hamburger

ሃምቡርገር

sandwich

ፓኒኖ

schnitzel

ቢስተካ

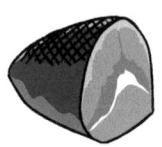

skinke

ሰለፍ ሓሰማ

salami

ሳላሚ

pølse

ግዕዝም

kylling

ደርሆ

steg

ቀለወ

fisk

ዓሳ

havregryn

ገዓት

mysli

ሙስሊ

cornflakes

ኮርንፍለይክስ

mel

ሓርጭ

croissant

ክሮሶን

rundstykke

ባኒ

brød

ባኒ

toast

ቶስት

kiks

ብሽኮቲ

smør

ጠስሚ

kvark

ርግኦ

kage

ፓስተ

æg

እንቋቊሖ

spejlæg

ቅሉው እንቋቊሖ

ost

ፋርማጆ

is

አይስ ክሪም

sukker

ሽኮር

honning

መዓር

marmelade

ጃም

nougat-creme

ኑጋት-ክረም

karry

ኩሪ

bondehus
ቤት ሕርሻ

skur
መኽዘን

halmballer
ሓሰር ቦንዳ

mark
ግራት

hest
ፈረስ

anhænger
ተስሓቢ

føl
ዒሱ

traktor
ትራክተር

æsel
ኣድጊ

lam
ዕየት

får
በጊዕ

ged

ጤል

ko

ብዕራይ

kalv

ም'ራኽ

svin

ሓሰማ

gris

ውላድ ሓሰማ

tyr

ኣርሓ

gås

ዓዓ

and

ማይ ደርሆ

kylling

ጫቑት

høne

ደርሆ

hane

ኣርሓ ደርሆ

rotte

ኣንጨዋ ዓባይ

kat

ድሙ

mus

ኣንጭዋ

okse

ብዕራይ

hund

ከልቢ

hundehus

ኣጉዶ ከልቢ

haveslange

ቱባ ጀርዲን

vandkande

መዝፈፊ ማይ

le

ዓቢ ማዕጺድ

plov

ማሕረሻ

segl

ማዕጺድ

hakkejern

ጭኽሮ

møggreb

መስአ

økse

ፋስ

trillebør

ዓረብያ ኢድ

trug

ጋብላ

mælkekande

ብርጭቆ ጸባ

sæk

ክሻ

hæk

ሓጹር

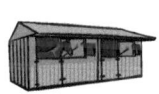

stald

መጓሰስ

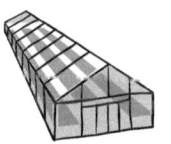

drivhus

ቅጠልያ ገዛ

jord

ባይታ

frø

ዘርኢ

gødning

ድኹዒ

mejetærsker

ዘጣምር ቀውዓይ

høste

ቀውዐ

høst

ጻማ

yams

ድንሽ ያም

hvede

ስርናይ

soja

ሶያ

kartoffel

ድንሽ

majs

ዕፉን

raps

ራፕስ

frugttræ

ገረብ ፍረታት

maniok

ማኒኦክ

korn

ኣእኽል

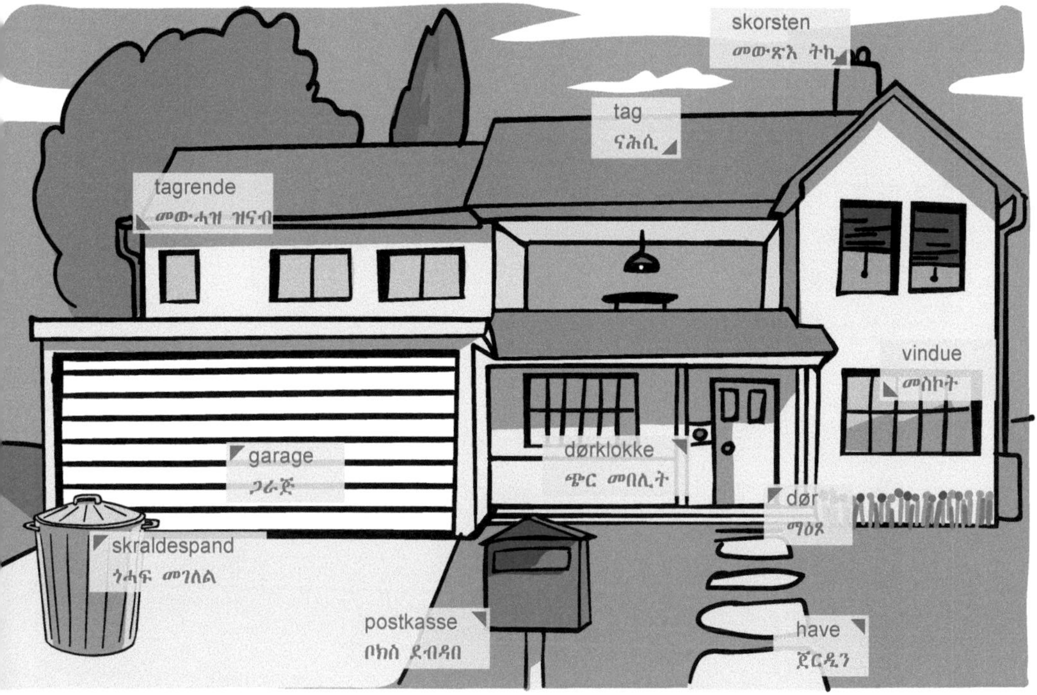

skorsten
መውጽእ ትኪ
tag
ናሕሲ
tagrende
መውሓዝ ዝናብ
vindue
መስኮት
garage
ጋራጅ
dørklokke
ጭር መበሊት
dør
ማዕጾ
skraldespand
ጎሓፍ መገለል
postkasse
ቦክስ ደብዳበ
have
ጀርዲን

stue
....
ክፍሊ ምቕማጥ

badeværelse
....
ክፍሊ ባንዮ

køkken
....
ክሽነ

soveværelse
....
ክፍሊ መደቀሲ

børneværelse
....
ክፍሊ ቆልዑ

spisestue
....
መመገቢ ክፍሊ

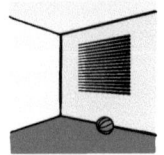

gulv

ባይታ

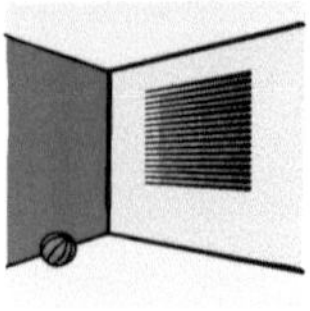

væg

መንደቕ

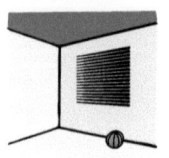

loft

ከቦርታ

kælder

ካንቲና

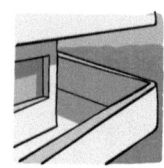

sauna

ሳውና

altan

ባልኮን

terrasse

ዛላ

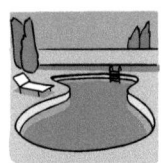

svømmehal

መሕምበሲ

plæneklipper

መቑረጺ ሳዕሪ

dynebetræk

ኣንሶላ ዓራት

dyne

ከቦርታ ዓራት

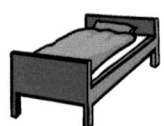

seng

ዓራት

kost

መኾስተር

spand

መገለል

kontakt

መወልዒት

tapet
ወረቐት
መንደቕ
billede
ስእሊ
lampe
ላምፓ
reol
ከብሒ
skab
ከብሒ
fjernsyn
ተለቪዥን
pejs
መውጽኢ ትኪ ኣብ
ገዛ
blomst
ዕንባባ
pude
መተርኣስ
sofa
ሳሎን
vase
ባዞ
fjernbetjening
ሪሞት

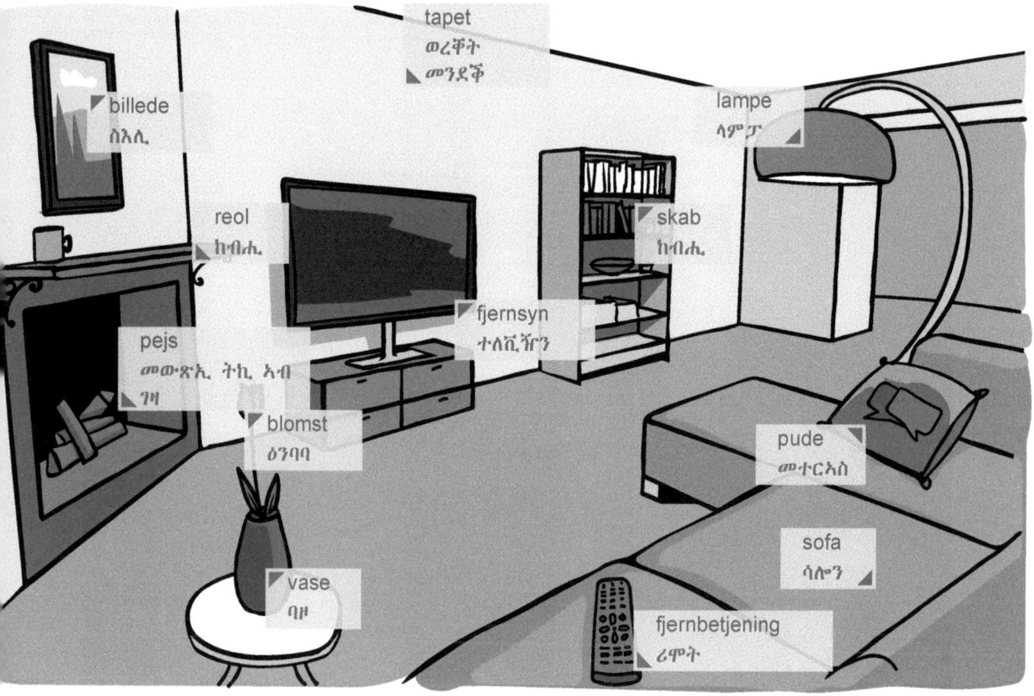

gulvtæppe

 መንጸፍ

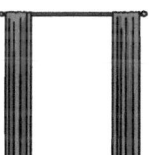

gardin

መጋረጃ

bord

ጣውላ

stol

መንበር

gyngestol

ሰለል ዝብል መንበር

lænestol

መንበር ምቹእ

bog

መጽሓፍ

tæppe

ክቦርታ

dekoration

ስልማት

brænde

እንጨይቲ ሓዊ

film

ፊልም

stereoanlæg

ስተረዮ

nøgle

መፍትሕ

avis

ጋዜጣ

maleri

ቕብኣ

plakat

ፖስተር

radio

ረድዮ

notesblok

ጥራዝ

støvsuger

መልገሲ ደሮና

kaktus

በለስ

lys

ሽምዓ

køkken

ክሽነ

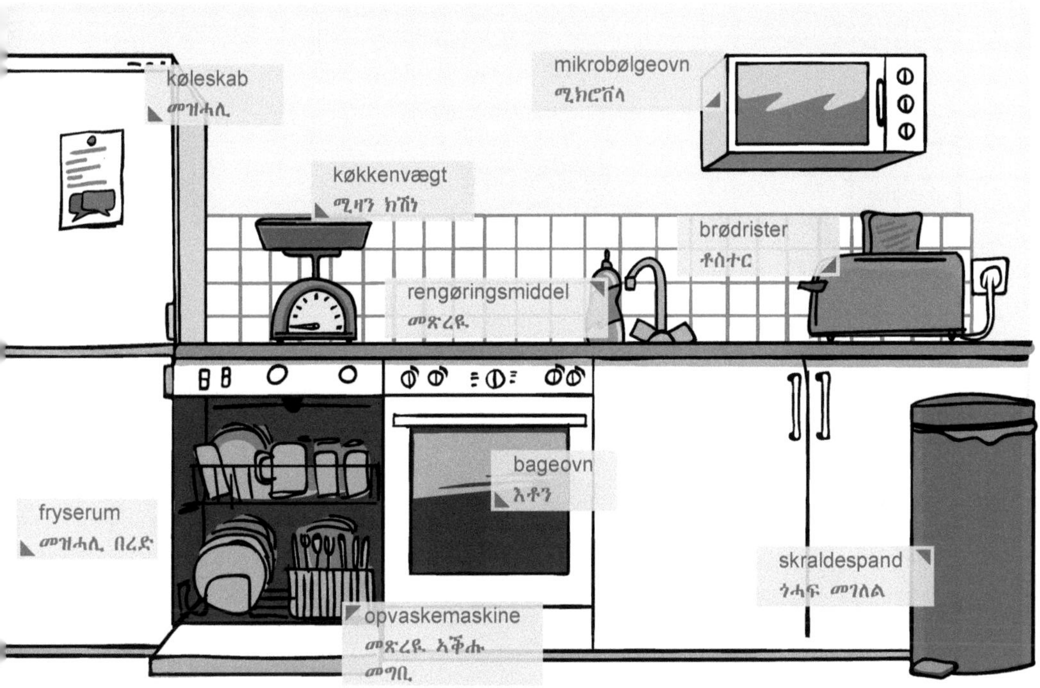
køleskab
መዝሓሊ
mikrobølgeovn
ሚክሮቨላ
køkkenvægt
ሚዛን ክሽነ
brødrister
ቶስተር
rengøringsmiddel
መጽረዪ
bageovn
እቶን
fryserum
መዝሓሊ በረድ
skraldespand
ጎሓፍ መገለል
opvaskemaskine
መጽረዪ ኣቕሑ
መግቢ

komfur

መኽሸኒ

gryde

ድስቲ

jerngryde

ድስቲ ሓጺን

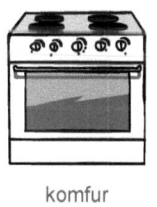

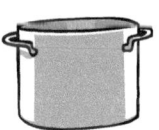

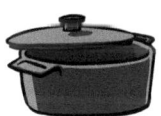

wok / kadai

ቮክ/ካዳይ

pande

ባደላ

elkedel

መውዓዪ ማይ

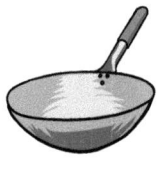

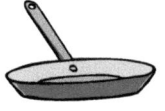

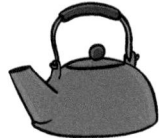

dampkoger

መፍልሒ

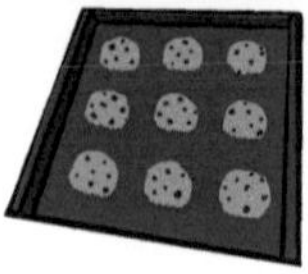

bageplade

ጓንቴራ ምስንካት

service

ኣቕሑ መግቢ

bæger

ብርጭቆ

skål

ጭሖሎ

spisepinde

ማንካቺና

øseske

ማንካ መረቕ

paletkniv

መገልበጢ ባደላ

piskeris

መኾስተር ውርጪ

dørslag

መንፊት መግቢ

si

መንፊት

rive

መፋሕፍሒ

morter

ሞርታር

grille

ባርቢክዩ

ildsted

ስፍራ ሓዊ

skærebræt

እንጨይቲ ምምታር

kagerulle

እንጨይቲ ኲረር

proptrækker

መኽፈት ቡሽ

dåse

ታኒካ

dåseåbner

መኽፈቲ ታኒካ

grydelap

ጨርቂ ድስቲ

køkkenvask

ቡምባ

børste

ኣስባስላ

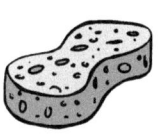

svamp

ሰፍነግ

blender

ሓዋሲ ኣደባላቒ

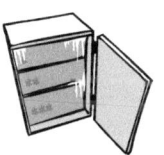

dybfryser

መዝሓሊ በረድ

sutteflaske

ጥርሙዝ ማማይ

vandhane

ቡምባ ማይ

badeværelse

ክፍሊ ባንዮ

radiator
መውዓዪ
håndklæde
ሽጎማኖ
brusebad
መሕጸቢ ሻወር
bruserforhæng
ሻወር መጋረጃ
skumbad
መሕጸቢ ዓፍራ
badekar
glas
ብኬሪ
vaskemaskine
ሓጻቢት
vandhane
ቡምባ ማይ
fliser
ማቶነላ
tissepotte
ድስቲ
køkkenvask
ቡምባ

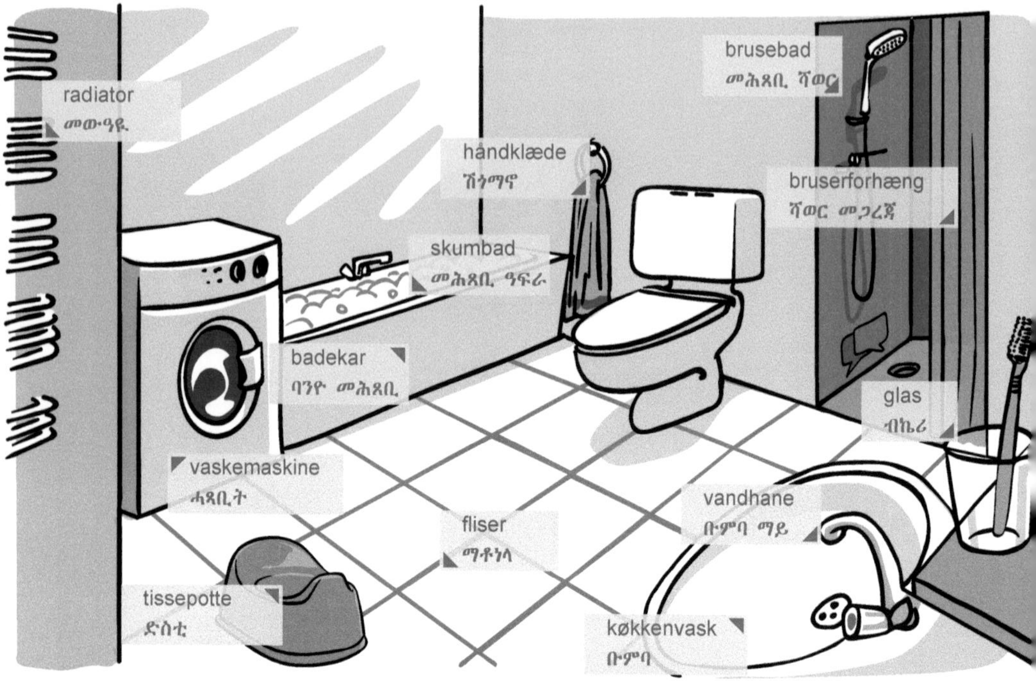

toilet

ሽቓቕ

hugsiddende toilet

ሽቓቕ ኮፍ

bidet

በዱ

pissoir

ሽቃቕ ተባዕታይ

toiletpapir

ወረቐት ሽቓቕ

toiletbørste

ኣስባስላ ሽቓቕ

tandbørste
....
ኣስባስላ ስኒ

tandpasta
....
ክረማ ስኒ

tandtråd
....
ሃሪ ስኒ

vaske
....
ሓጸበ

håndbruser
....
ዱሽ ኢድ

intimbruser
....
ዱሽ

vaskefad
....
ብርጭቆ ምሕጻብ

badebørste
....
ኣስባስላ ሕቖ

sæbe
....
ሳምና

brusegele
....
ሻወር ጀል

shampoo
....
ሻምፑ

vaskeklud
....
ጨርቂ መሕጸቢ

afløb
....
መውሓዚ

creme
....
ክረማ

deodorant
....
ደዮ ጨና

spejl

መስትያት

kosmetikspejl

ናይ ኢድ መስትያት

barberhøvl

መላጸ

barberskum

ዓፍራ ምልጻይ

barbervand

ጨና ድሕሪ ምልጻይ

kam

መመሸጥ

børste

ኣስባስላ

hårtørrer

መንቐጺ ጸግሪ

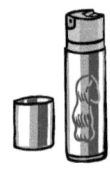

hårspray

ስፕረይ ጸግሪ

makeup

መመላኽዒ

læbestift

ብርዒ ቀለም ከንፈር

neglelak

ኣዝማልቶ

vat

ጸምሪ ጡጥ

neglesaks

መስደዲ ጽፍሪ

parfume

ጨና

toilettaske
....
ሳንጣ መሕጸቢ

skammel
....
ድኳ

vægt
....
ሚዛን

badekåbe
....
ክዳን መሕጸቢ

gummihandsker
....
ጓንቲ መጸረዪ

tampon
....
ታምፖን

damebind
....
ጨርቂ ሰበይቲ

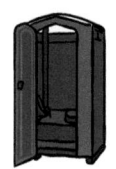

kemisk toilet
....
ሽቓቕ ከሚስትሪ

børneværelse

ክፍሊ ቆልዑ

vækkeur
መተስኢ
bamse
መጻወቲ እንስሳ
legetøjsbil
መጻወቲ መኪና
skralde
ኳሕኳሕ
መበሊ
dukkehus
ቤት ባምቡላ
gave
ህያብ

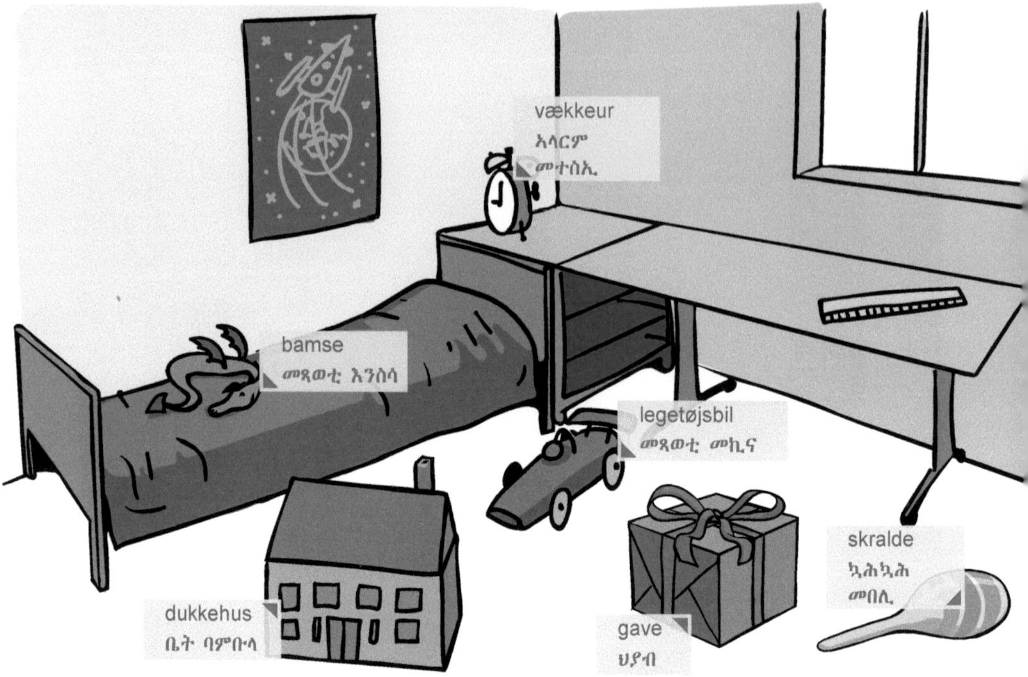

ballon

ባላንችና

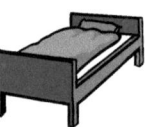

seng

ዓራት

barnevogn

ሰረገላ ህጻን

kortspil

ጸወታ ካርታ

puslespil

ሕንቅሊተይ

tegneserie

ኮሜዲ

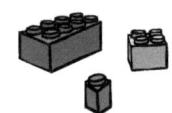

legoklodser

እምንታት መጻወቲ ለጎ

byggeklodser

መጻወቲ እምንታት

action figur

በዓል ኣክቾን

sparkedragt

ክዳን ማማይ

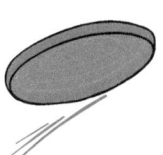

frisbee

ፍሪስቢ

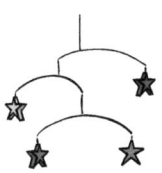

uro

ሞባይል ማማይ

brætspil

ጸወታ ሰሌዳ

terning

ኩቦ

modeljernbane

ሞደል ባቡር ምድሪ

sut

ዓባስ

fest

ፓርቲ

billedbog

መጽሓፍ ስእሊ

bold

ኩዕሶ

dukke

ባምቡላ

lege

ተጻወተ

sandkasse

መጻወቲ ሑጻ

gynge

ሰላል

legetøj

መጻወቲታት

spillekonsol

ኮንሶል ቪድዮ

trehjulet cykel

መጻወቲ ሰለስተ መንኮርኮር

bamse

ተዲ

klædeskab

ክብሒ ክዳን

tøj

ክዳን

sokker

ካልስታት

strømper

ነዊሕ ካልስታት

strømpebukser

ስረ ካልሲ

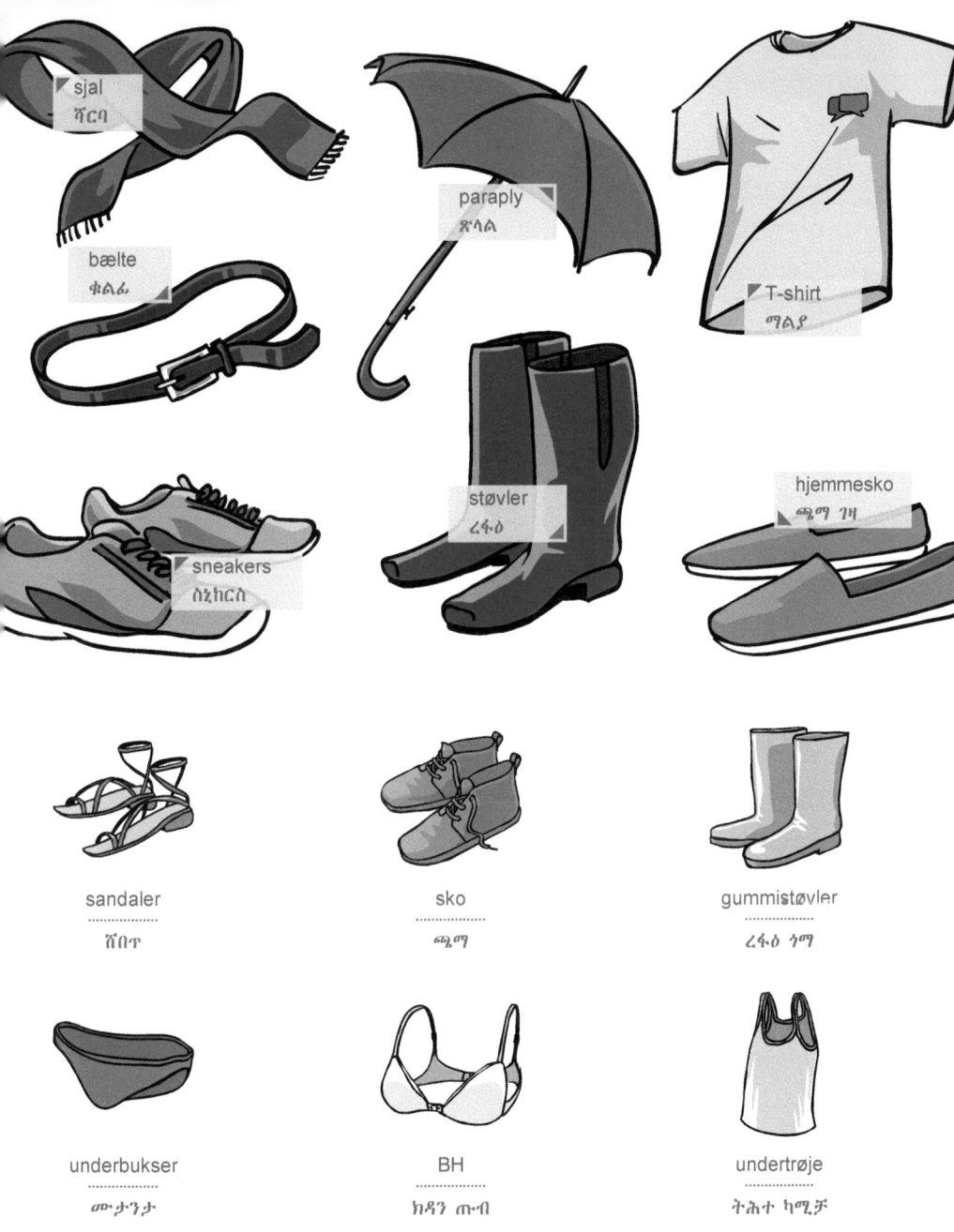

sjal
ሻርባ
paraply
ጽላል
T-shirt
ማልያ
bælte
ቁልፊ
støvler
ረፋዕ
hjemmesko
ጫማ ገዛ
sneakers
ስኒከርስ

sandaler

ሸበጥ

sko

ጫማ

gummistøvler

ረፋዕ ጎማ

underbukser

ሙታንታ

BH

ክዳን ጡብ

undertrøje

ትሕተ ካሚቻ

body

ቦዲ

bukser

ሱሪ

jeans

ጂንስ

nederdel

ቀምሽ

bluse

ካምቻ

skjorte

ካሚቻ

pullover

ጉልፎ

sweatshirt

ጎልፎ

blazer

ጃኬት

jakke

ጃከት

frakke

ጁባ

regnfrakke

ክዳን ዝናብ

kostume

ኮስቱም

kjole

ቀምሽ

brudekjole

ቀምሽ መርዓ

jakkesæt

ልብሲ

nattrøje

ካሚቻ ለይቲ

pyjamas

ክዳን ለይቲ

sari

ሳሪ

hovedtørklæde

መሃረብ ርእሲ

turban

ቱርባን

burka

ቡርካ

kaftan

ካፍታን

abaya

ኣባያ

badedragt

ክዳን መሕምበሲ

badebukser

ስረ መሕምበሲ

korte bukser

ሓጺር ስረ

træningsdragt

ክዳን ታዕሊም

forklæde

በጃ ክዳን

handsker

ጓንቲ

knap

መልጎም

briller

መነጽር

armbånd

በንናጅር

kæde

ማዕተብ

ring

ቀለበት

ørering

ኩትሻ

hue

ቆብዕ

bøjle

መንበሪ ጁባ

hat

ባርኔጣ

slips

ካርራቫት

lynlås

ሻርነጣ

hjelm

ሀልመት

seler

መድልደል ስረ

skoleuniform

ድቢዛ ቤትትምህርቲ

uniform

ድቢዛ

hagesmæk

ሰደርያ ቆልዓ

sut

ዓባስ

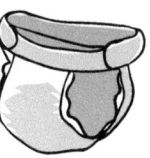

ble

ጨርቂ ማማይ

kontor

ቤት ጽሕፈት

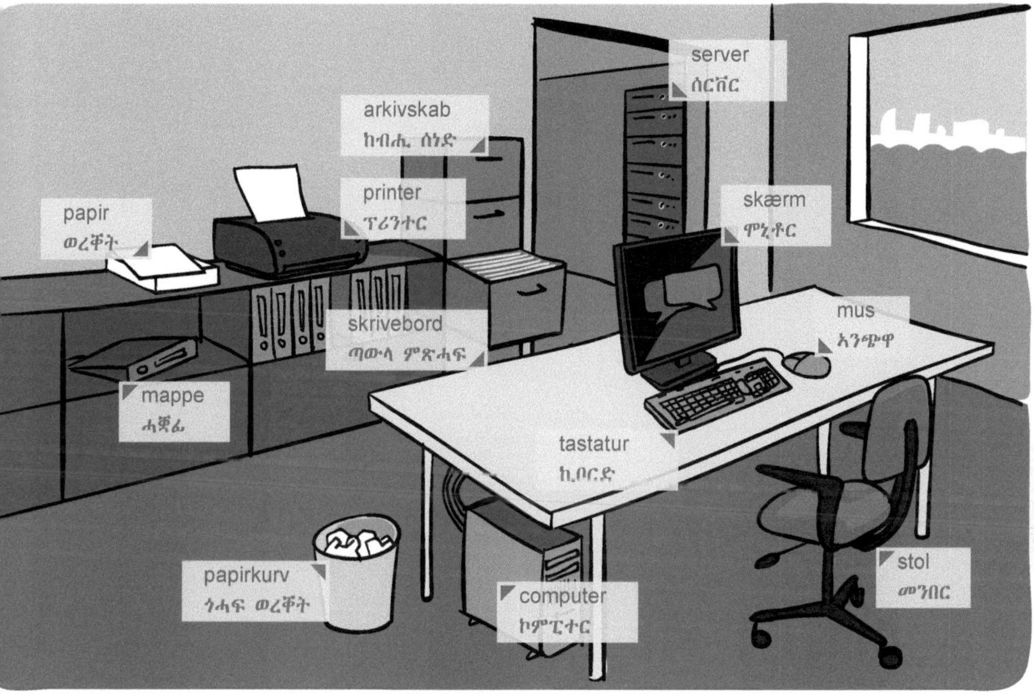

server

ሰርቨር

arkivskab

ከብሒ ሰነድ

printer

ፕሪንተር

skærm

ሞኒቶር

papir

ወረቓት

mus

ኣንጭዋ

skrivebord

ጣውላ ምጽሓፍ

mappe

ሓጿሬ

tastatur

ኪቦርድ

papirkurv

ጎሓፍ ወረቓት

computer

ኮምፒተር

stol

መንበር

kaffekrus

ብርጭቆ ቡን

lommeregner

ካልኩለተር

internet

ኢንተርኔት

bærbar

ለፕቶፕ

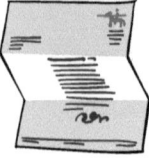

brev

ደብዳበ

besked

መልእኽቲ

mobil

ሞባይል

netværk

ነትወርክ/መርበብ

kopimaskine

መቅድሒ ፎቶኮፒ

software

ሶፍትዌር

telefon

ተለፎን

stikdåse

ሶከት ኳረንቲ

fax

ፋክስ

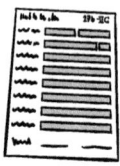

formular

ፎርም

dokument

ሰነድ

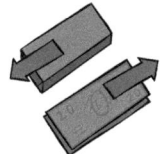

købe

ገዝአ

betale

ከፈለ

handle

ንግዲ

penge

ገንዘብ

dollar

ዶላር

euro

ኦይሮ

yen

የን

rubel

ሩብል

schweizerfranc

ስዊዝ ፍራንክን

renminbi yuan

ረንሚንቢ ዩዋን

rupee

ሩፕየ

hæveautomat

መውጽኢ ማሺን ገንዘብ

vekselkontor

ቦታ ቅያር ገንዘብ

guld

ወርቂ

sølv

ብሩር

olie

ዘይቲ

energi

ሓይሊ

pris

ዋጋ

kontrakt

ውዕል

skat

ቀረጽ

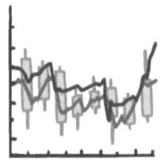

aktie

እኩብ ጥረ-ነገራት

arbejde

ሰርሐ

ansat

ሰራሕተኛ

arbejdsgiver

ኣስራሒ

fabrik

ትካል

butik

ዱኳን

politimand
በዓል ፖሊስ

brandmand
መጠፊኢ ሓዊ

pilot
መራሒ ነፋሪት

kok
ከሸኒ

læge
ሓኪም

gartner

ሰራሕትኛ ጀርዲን

tømrer

ጸራቢ ዕንጸይቲ

syerske

ሰፋይት

dommer

ፈራዳይ

kemiker

ቀማሚ

skuespiller

ተዋሳኢ

buschauffør

መራሒ ኣዉቶቡስ

taxachauffør

ኣውቲስታ ታክሲ

fisker

ገፋፊ ዓሳ

rengøringskone

ጸራጊት

tagdækker

ሃናጻይ ናሕሲ

tjener

ኣሰላፊ

jæger

ሃዳናይ

maler

ሰኣላይ

bager

እንዳ ሕብስቲ

elektriker

ኤለትሪከኛ

bygningsarbejder

ሃናጺ ኣባይቲ

ingeniør

ሃንዳሲ

slagter

ሰራሕተኛ እንዳ ስጋ

vvs-mand

ድራብሊኮ

postbud

ኣማላላሲ ፖስጣ

soldat

ወተሃደር

arkitekt

መሃንድስ

kasserer

ተሓዝ ገንዘብ

blomsterhandler

ሰራሕተኛ ዕምባባ

frisør

ቀም ቃማይ

togfører

ፈተሪኖ

mekaniker

መካኒክ

kaptajn

መራሒ መርከብ

tandlæge

ሓኪም ስኒ

videnskabsmand

ተመራማሪ

rabbiner

ራቢ

imam

ኢማም

munk

ፈላሲ

præst

ቀሺ

værktøj

ናውቲ

hammer
ሞደሻ
tang
ጉጤት
skruedrejer
ዘዋር መስኒ
skruenøgle
lommelygte
ላምፓዲና

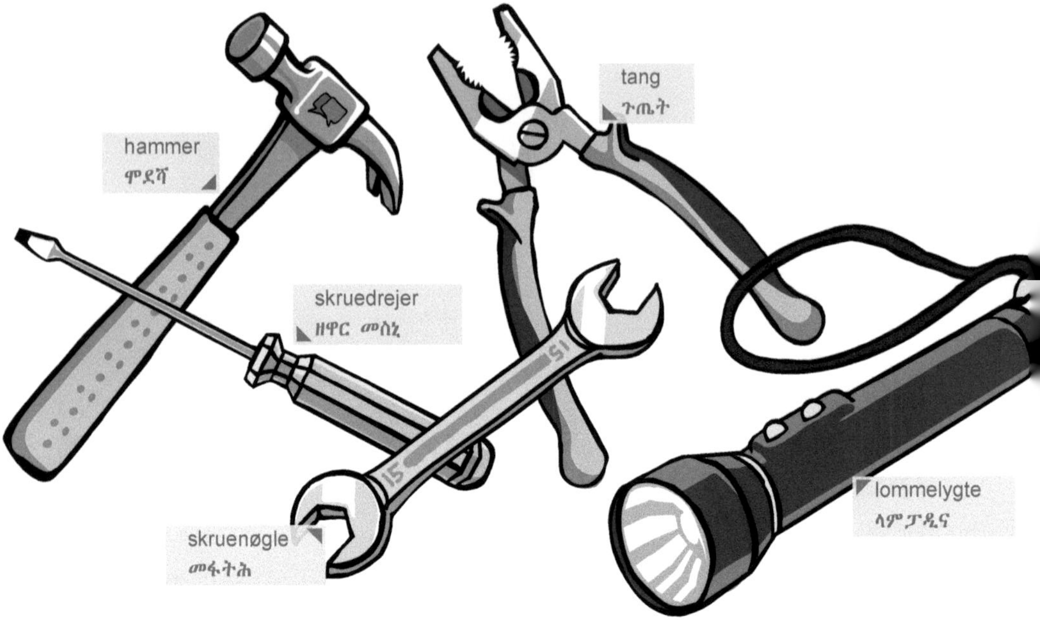

gravemaskine

ፈሓሪ

værktøjskasse

ናውቲ ቦክስ

stige

መደያይቦ

sav

መጋዝ

søm

መስማር

bor

ኰዓቲ

reparere

ምዕራይ

skovl

ባደላ

Lort!

ኣይ!

fejebakke

መትሓዚ ዶሮና

malerspand

ድስቲ ቀለም

skruer

ካቻቢተ

musikinstrumenter

መሳርሒ ሙዚቃ

trommer
ከበሮታት

højttaler
እስፒከር

guitar
ጊታር

kontrabas
ረጉድ ዓባይ
ጊታር

trompet
ትሮምፐት

klaver

ፒያኖ

violin

ቪዮሊን

bas

ባስ ጊታር

pauke

ቲምንኢ

tromme

ከበሮ

keyboard

ኦርጋን

saxofon

ሳክሶፎን

fløjte

ሻምብቆ

mikrofon

ሚክሮፎን

መካነ እንስሳታት

tiger
bur
zebra
dyrefoder
መግቢ እንስሳ
panda
ፓንዳ
indgang
መእተዊ

dyr

እንስሳታት

elefant

ሓርማዝ

kænguru

ካንጋሩ

næsehorn

ሓሪሽ

gorilla

ጉሪላ

bjørn

ድቢ

kamel

ገመል

struds

ሰገን

løve

ኣንበሳ

abe

ህበይ

flamingo

ፍላሚንጎ

papegøje

ሕንጻይ

isbjørn

ድቢ በረድ

pingvin

ፐንጉን

haj

ከልቢ ዓሳ

påfugl

ጣውስ

slange

ተመን

krokodille

ሓርገጽ

dyrepasser

ሓላዊ ቤት ገርድሽ

sæl

ዓሳ ዚምገብ እንስሳ ባሕሪ

jaguar

ጃጓር

pony

ሓጺር ፈረስ

leopard

ነብሪ

flodhest

ጉማረ

giraf

ጂራፍ

ørn

ሊላ

vildsvin

መፍለስ

fisk

ዓሳ

skildpadde

ጎብየ

hvalros

ዋልሩስ

ræv

ወኻርያ

gazelle

ሰስሓ

sport
ስፖርት

amerikansk football
ናይ አሜሪካ ኩዕሶ እግሪ

cykling
ምዝዋር ብሽግላ቟

tennis
ተኒስ

basketball
ባስከትባል

svømning
ምሕምባስ

boksning
ቦክሲንግ

ishockey
ሆኪ በረድ

fodbold	badminton	atletik
ኩዕሶ እግሪ	ባድሚንተን	እስፖርታዊ ንጥፈታት
håndbold	skiløb	polo
ኩዕሶ ኢድ	ስኪ	ፖሎ

springe
ነጠረ

grine
ሰሓቐ

give et knus
ሓቘፈ

gå
ከደ

synge
ደረፈ

drømme
ሓለመ

bede
ጸለየ

kysse
ሰዓመ

skrive	tegne	vise
ጸሓፈ	ሰኣለ	ኣርኣየ

skubbe	give	tage
ደፍአ	ሃበ	ወሰደ

have

ኣለወ

gøre

ገበረ

være

ኮነ

stå

ጠጠው በለ

løbe

ጎየየ

trække

ሰሓበ

kaste

ሰንደወ

falde

ወደቐ

ligge

ሓሰወ

vente

ተጸበየ

bære

ሰከም

sidde

ኮፍ በለ

tage på

ተኸድነ

sove

ደቀሰ

vågne

ተስአ

se på

ረአየ

græde

በኸየ

ae

ብኣጻብዑ ደረዘ

kæmme

መሸጠ

tale

ተዛረበ

forstå

ተረድአ

spørge

ሓተተ

høre

ሰምዐ

drikke

ሰተየ

spise

በልዐ

rydde op

ኣቐመጠ

elske

ኣፍቀረ

koge

ከሸነ

køre

ዘወረ

flyve

ነፈረ

sejle

ብመርከብ ገየሸ

regne

ደመረ

læse

ኣንበበ

lære

ተመሃረ

arbejde

ሰርሐ

gifte sig med

መርዓወ

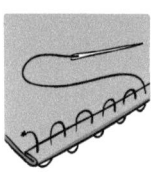

sy

ሰፈየ

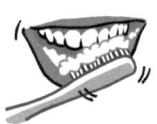

børste tænder

ጽሬት ኣስናን

dræbe

ቀተለ

ryge

ሽጋራ ተከኸ

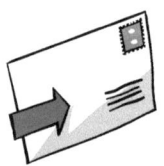

sende

ሰደደ

bedstemor
ዓባየ

bedstefar
አቦሓጎ

far
አቦ

mor
አደ

baby
ማማይ

datter
ጓል

søn
ወዲ

gæst

ጋሻ

tante

ሓትኖ

onkel

አኮ

bror

ሓው

søster

ሓፍቲ

krop

ኣካላት

pande
ግንባር
øje
ዓይኒ
ansigt
ገጽ
hage
መንከስ
finger
ኣጻብዕ
hånd
ኢድ
bryst
ኣፍ-ልቢ
arm
ምናት
skulder
መንኩብ
ben
ሽፋን እግሪ

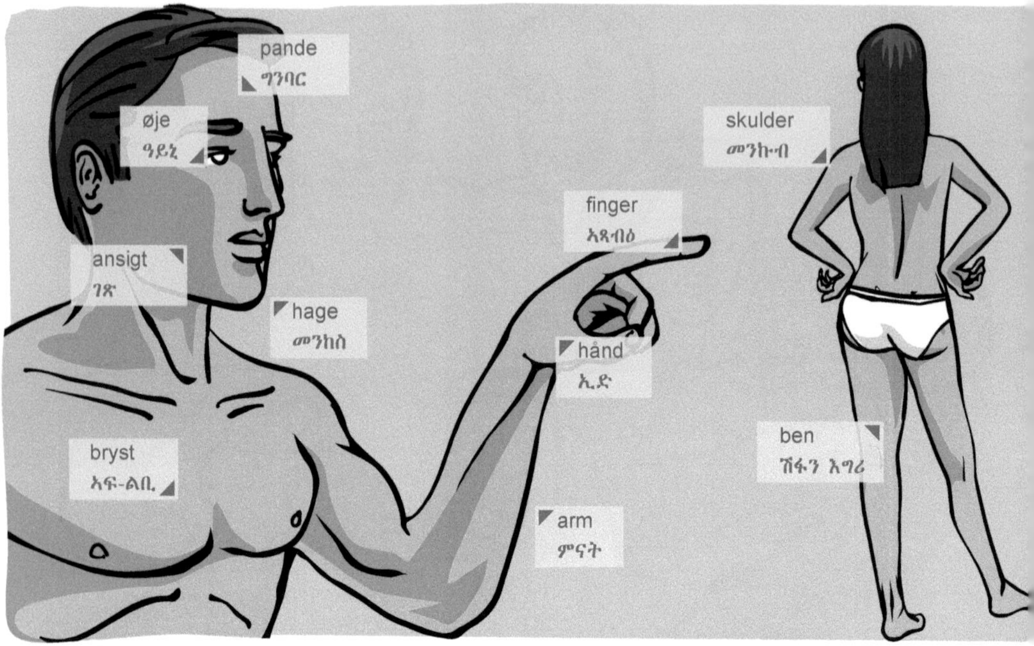

baby

ማማይ

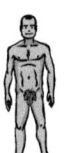

mand

ሰብኣይ

kvinde

ሰበይቲ

pige

ጓል

dreng

ወዲ

hoved

ርእሲ

ryg

ሕቖ

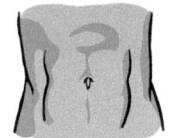

mave

ከስዐ

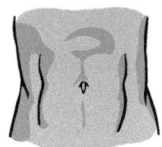

navle

ሕምብርቲ

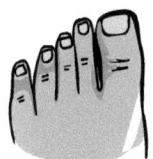

tå

ኣጻብዕ እግሪ

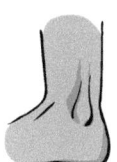

hæl

ኩርኾረ

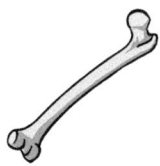

knogle

ዓጽሚ

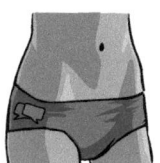

hofte

ምሕኩልቲ

knæ

ብርኪ

albue

ፎግፎጐ

næse

ኣፍንጫ

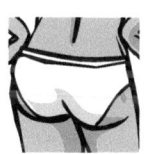

bagdel

መዓኮር

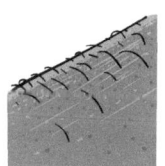

hud

ቆርበት

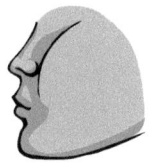

kind

ምዕጉርቲ

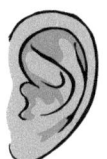

øre

እዝኒ

læbe

ከንፈር

mund

ኣፍ

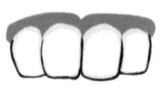

tand

ስኒ

tunge

መልሓስ

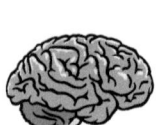

hjerne

ሓንጎል

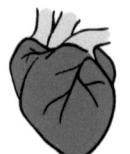

hjerte

ልቢ

muskel

ጭዋዳ

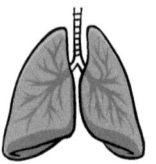

lunge

ሳንቡእ

lever

ጸላም ከብዲ

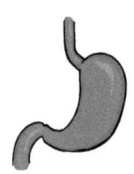

mavesæk

ከብዲ

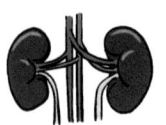

nyrer

ኩሊት

sex

ግብረ ስጋ

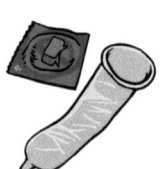

kondom

ኮንዶም

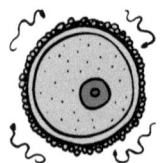

ægcelle

እንቋቑሖ

sperm

ዘርኢ ተባዕታይ

svangerskab

ጥንሲ

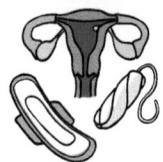

menstruation

ጽግያት

vagina

ርሕሚ

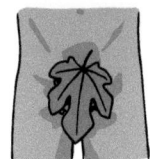

penis

መትሎ

øjenbryn

ሽፋሽፍቲ

hår

ጸግሪ

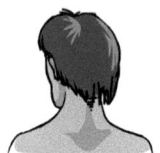

hals

ክሳድ

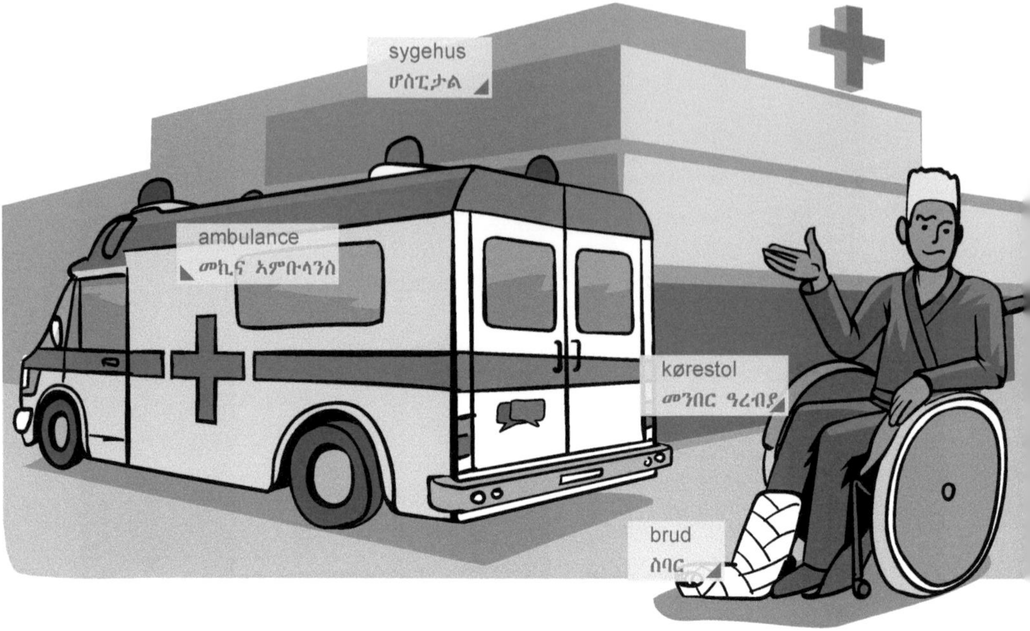

sygehus

ሆስፒታል

ambulance
መኪና ኣምቡላንስ
kørestol
መንበር ዓረብያ
brud
ስባር

lægen

ሓኪም

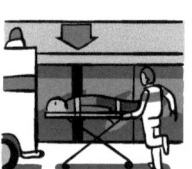

akutmodtagelse

ክፍሊ ህጹጽ ረድኤት

sygeplejerske

ኣላይት

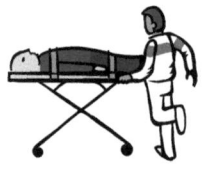

nødstilfælde

ህጹጽ ኩነት

bevidstløs

ውንኡ ዘጥፍአ

smerte

ቃንዛ

skade

ጉድኣት

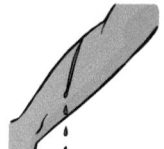

blødning

ደም

hjerteinfarkt

ማህረምቲ

slagtilfælde

ማህረምቲ

allergi

ኣለርጂ

hoste

ሰዓል

feber

ረስኒ

influenza

ኢንፍልወንዛ

diarré

ውጽኣት

hovedpine

ቃንዛ ርእሲ

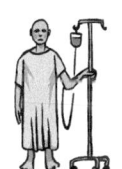

kræft

መንሸሮ

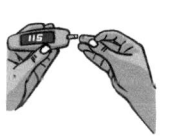

diabetes

ሹኮርያ

kirurg

ሓኪም መጥባሕቲ

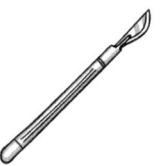

skalpel

መጥብሒ

operation

መጥባሕቲ

CT

CT

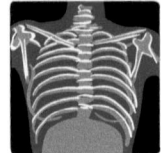

røntgen

ራጂ

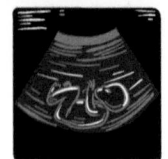

ultralyd

ልዕለ ድምጻዊ

maske

መሸፈኒ ገጽ

sygdom

ሕማም

venteværelse

ክፍሊ ምጽባይ

krykke

ምርኩስ

plaster

መጀነኒ ቑስሊ

forbinding

መጀነኒ

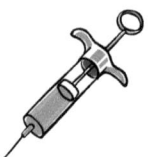

injektion

መርፍዕ ምውጋእ

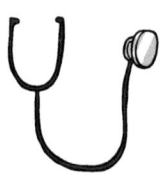

stetoskop

ስተቶስኮፕ

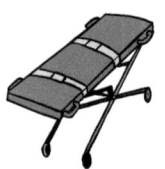

båre

መሰከሚ ሕማም

termometer

ቴርሞመተር

fødsel

ትውልዲ

overvægt

ልዕለ-ሚዛን

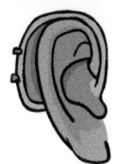

høreapparat

ሓገዝ ምስማዕ

desinficerende middel

ኣንጻሂ

infektion

ልበዳ

virus

ቫይረስ

HIV / AIDS

ኤድስ

medicin

ሕክምና

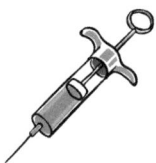

vaccination

ክታበ

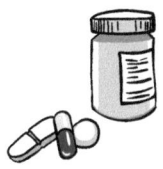

tabletter

ከኒና

pille

ከኒና

nødopkald

ህጹጽ ምድዋል

blodtryksmåler

መዕቀኒ ጸቕጢ ደም

syg / rask

ሕሙም / ጥዑይ

nødstilfælde

ህጹጽ ኩነት

Hjælp!

....

ሓገዝ

alarm

....

ኣላርም

overfald

....

ምህጃም

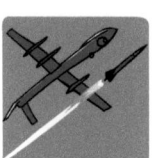

angreb

....

መጥቃዕቲ

fare

....

ድንገት

nødudgang

....

ህጹጽ መውጽኢ

Det brænder!

....

ሓዊ!

ildslukker

....

መጥፍኢ ሓዊ

uheld

....

ሓደጋ

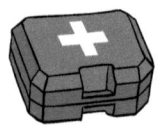

førstehjælps-kuffert

....

ሳንጣ ቀዳማይ ረድኤት

SOS

....

SOS

politi

....

ፖሊስ

Europa

ኤውሮጳ

Nordamerika

ሰሜን ኣመሪካ

Sydamerika

ደቡብ ኣመሪካ

Afrika

ኣፍሪቃ

Asien

ኤስያ

Australien

ኣውስትራልያ

Atlanterhavet

ኣትላንቲክ

Stillehavet

ፓሲፊክ

Indiske Ocean

ህንዳዊ ዉቕያኖስ

Sydlige Ishav

ኣንታርቲካዊ ዉቕያኖስ

Ishav

ኣርክቲካዊ ዉቕያኖስ

Nordpol

ሰሜናዊ ዋልታ

Sydpol

ደቡባዊ ዋልታ

Antarktis

ኣንታርቲካ

Jorden

ምድሪ

land

መሬት

hav

ባሕሪ

ø

ደሴት

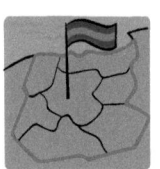

nation

ሃገር

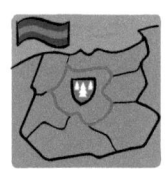

stat

ዓዲ

ur
ሰዓት

urskive

ገጽ ሰዓት

timeviser

ኣመልካቲ ሰዓታት

minutviser

ኣመልካቲ ደቓይቕ

sekundviser

ኣመልካቲ ካልኢት

Hvad er klokken?

ሰዓት ክንደይ ኣሎ?

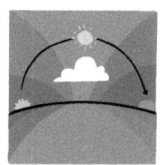

dag

መዓልቲ

tid

ግዜ

nu

ሕጂ

digitalur

ዲጂታል ሰዓት

minut

ደቒቕ

time

ሰዓት

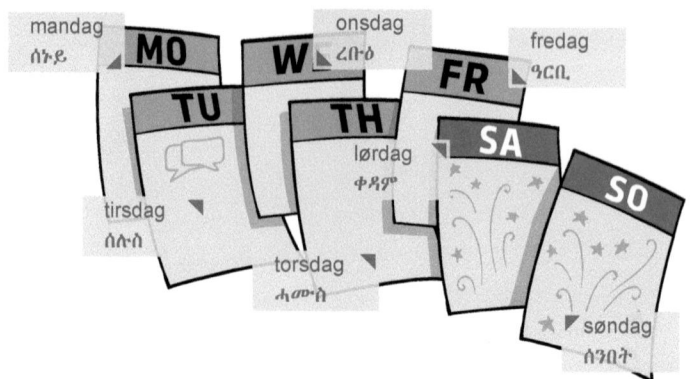

uge

ሰሙን

mandag
ሰኑይ
tirsdag
ሰሉስ
onsdag
ረቡዕ
torsdag
ሓሙስ
fredag
ዓርቢ
lørdag
ቀዳም
søndag
ሰንበት
MO
TU
W
TH
FR
SA
SO

1

i går
ትማሊ

2

i dag
ሎሚ

i morgen
ጽባሕ

morgen
ንጉሆ

middag
ቀትሪ

aften
ምሸት

MO TU WE TH FR SA SU
1 2 3 4 5 6 7
8 9 10 11 12 13 14
15 16 17 18 19 20 21
22 23 24 25 26 27 28
29 30 31 1 2 3 4

arbejdsdage
መዓልታት ስራሕ

MO TU WE TH FR SA SU
1 2 3 4 5 6 7
8 9 10 11 12 13 14
15 16 17 18 19 20 21
22 23 24 25 26 27 28
29 30 31 1 2 3 4

weekend
መወዳእታ ሰሙን

år

ዓመት

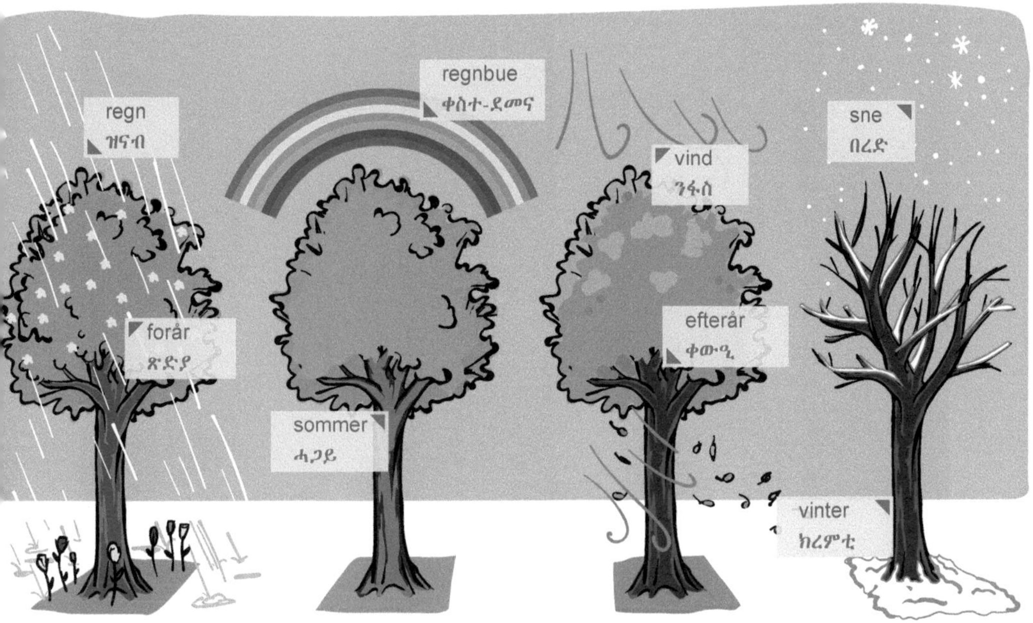

regn
ዝናብ
regnbue
ቀስተ-ደመና
sne
በረድ
vind
ንፋስ
forår
ጽድያ
sommer
ሓጋይ
efterår
ቀውዒ
vinter
ክረምቲ

4.APRIL 11°
5.APRIL 4°
6.APRIL 13°
7.APRIL 8°
8.APRIL 10°

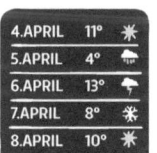

vejrudsigt

ትንቢት ኩነታት ኣየር

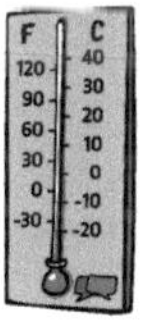

F
C
120
90
60
30
0
-30
40
30
20
10
0
-10
-20

termometer

ቴርሞመተር

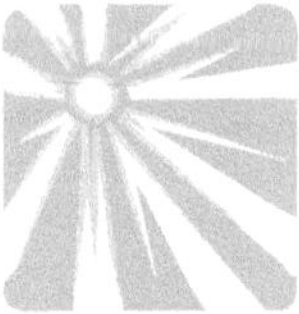

solskin

ብርሃን ጸሓይ

sky

ደበና

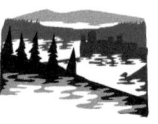

tåge

ግመ

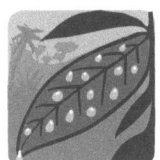

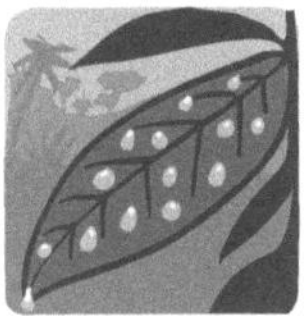

luftfugtighed

ጠሊ

lyn

ብርቂ

torden

ነጎዳ

storm

ህቦብላ

hagl

በረድ

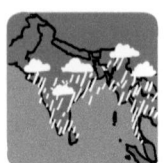

monsun

ብርቱዕ ህቦብላ

flod

ውሕጅ

is

በረድ

januar

ጥሪ

februar

ለካቲት

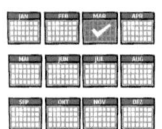

marts

መጋቢት

april

ሚያዝያ

maj

ጉንበት

juni

ሰነ

juli

ሓምለ

august

ነሓሰ

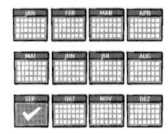

september

መስከረም

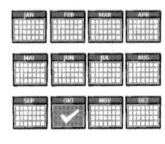

oktober

ጥቅምቲ

november

ሕዳር

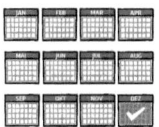

december

ታሕሳስ

former

ቅርጽታት

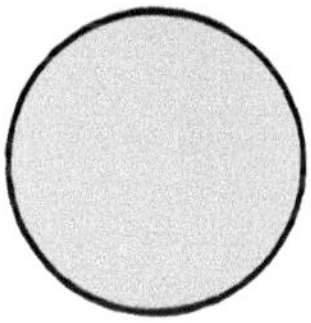

cirkel

ዙርያ

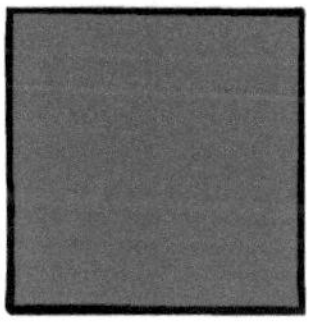

kvadrat

ትርብዒት

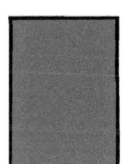

firkant

ቅኑዕ ርቡዕ ኵርናዕ

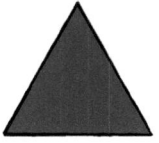

trekant

ስሉስ ኩርናዕ

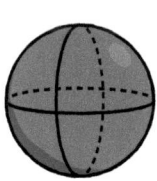

kugle

ክቢ

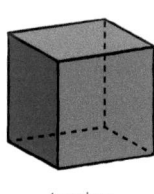

terning

ኩቦ

farver
ሕብርታት

hvid

ጻዕዳ

gul

ብጫ

orange

ኦራንሺ

pink

ፒንክ

rød

ቀይሕ

lilla

ጁኽ

blå

ሰማያዊ

grøn

ቀጠልያ

brun

ቡናዊ

grå

ሓሙኽሽታይ

sort

ጸሊም

modsætninger

ኣንጻራት

meget / lidt

ብዙሕ / ውሑድ

rasende / fredelig

ሕሩቕ / ሰላማዊ

smuk / grim

ጽቡቕ / ክፉእ

begyndelse / slut

መጀመርያ / መወዳእታ

stor / lille

ዓቢ / ንእሽቶ

lys / mørk

ብሩህ / ጸልማት

bror / søster

ሓው / ሓፍት

ren / snavset

ጽሩይ / ርሳሕ

fuldkommen / ufuldkommen

ምሉእ / ዘይምሉእ

dag / nat

መዓልቲ / ለይቲ

død / levende

ሙዉት / ህልው

bred / smal

ሰፊሕ / ጸቢብ

spiselig / uspiselig

ደስ ዘበል / ደስ ዘይብል

vred / venlig

እኩይ / ህያዋይ

ophidset / kedet

ርቡጽ / ስልኩይ

tyk / tynd

ረጊድ / ቀጢን

først / sidst

ቀዳማይ / ናይ መወዳእታ

ven / fjende

ዓርኪ / ጸላኢ

fuld / tom

ምሉእ / ባዶ

hård / blød

ተሪር / ልስሉስ

tung / let

ከቢድ / ፈኲስ

sult / tørst

ጥምየት / ጽምየት

syg / rask

ሕሙም / ጥዑይ

illegal / legal

ዘይሕጋዊ / ሕጋዊ

intelligent / dum

መስተውዓሊ / ስዲ

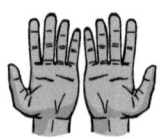

venstre / højre

ጸጋም / የማን

nær / fjern

ቀረባ / ርሑቕ

ny / brugt

ሓዲሽ / ብሉይ

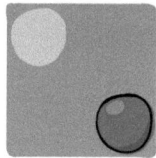

intet / noget

ዋላ ሓደ / ገለ

gammel / ung

ዓቢ/ኣረጊት / መንእሰይ

tændt / slukket

ወልዕ / ኣጥፍእ

åben / lukket

ክፉት / ዕጹው

stille / højt

ህዱእ / ዓው

rig / fattig

ሃብታም / ድኻ

rigtig / forkert

ቅኑዕ / ግጉይ

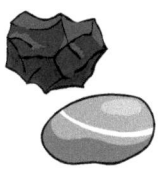

ru / glat

ሓርፋፍ / ልሙጽ

ked af det / lykkelig

ጉሁይ / ሕጉስ

kort / lang

ሓጺር / ነዊሕ

langsom / hurtig

ቀስ / ቅልጡፍ

våd / tør

ጥሉል / ንቑጽ

varm / kold

ምዉቕ / ዝሑል

krig / fred

ውግእ / ሰላም

tal

ቁጽርታት

0	1	2
nul	en	to
ዜሮ	ሓደ	ክልተ
3	4	5
tre	fire	fem
ሰለስተ	ኣርባዕተ	ሓሙሽተ
6	7	8
seks	syv	otte
ሽዱሽተ	ሸውዓተ	ሸሞንተ
9	10	11
ni	ti	elleve
ትሽዓተ	ዓሰርተ	ዓሰርተ ሓደ

12

tolv

ዓሰርተ ክልተ

13

tretten

ዓሰርተ ሰለስተ

14

fjorten

ዓሰርተ ኣርባዕተ

15

femten

ዓሰርተ ሓሙሽተ

16

seksten

ዓሰርተ ሽዱሽተ

17

sytten

ዓሰርተ ሸውዓተ

18

atten

ዓሰርተ ሸሞንተ

19

nitten

ዓሰርተ ትሽዓተ

20

tyve

ዕስራ

100

hundrede

ሚእቲ

1.000

tusinde

ሽሕ

1.000.000

million

ሚልዮን

sprog

ቋንቋታት

engelsk

....

እንግሊዝኛ

amerikansk engelsk

....

ኣመሪካዊ እንግሊዛዊ

kinesisk mandarin

....

ቻይናዊ ማንዳሪን

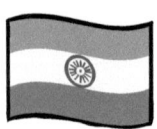

hindi

....

ሂንዳዊ

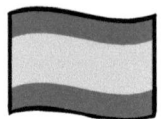

spansk

....

እስጳኛዊ

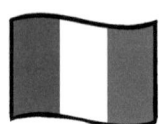

fransk

....

ፈረንሳዊ

arabisk

....

ዓረባዊ

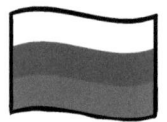

russisk

....

ሩሲያዊ

portugisisk

....

ፖርቱጋላዊ

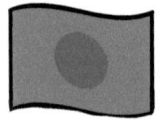

bengalsk

....

በንጋሊ

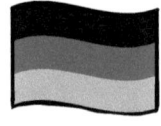

tysk

....

ጀርመናዊ

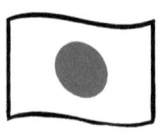

japansk

....

ጃፓናዊ

hvem / hvad / hvordan

መን / እንታይ / ከመይ

jeg

ኣነ

du

ንስኻ/ኺ

han / hun / den / det

ንሱ / ንሳ / ንሱ

vi

ንሕና

I

ንስኻ

de

ንሳቶም

hvem?

መን?

hvad?

እንታይ?

hvordan?

ከመይ?

hvor?

ኣበይ?

hvornår?

መዓስ?

navn

ሽም

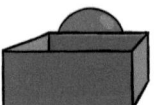

hvor

ኣበይ

bag

ድሕሪ

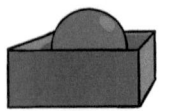

i

ኣብ

foran

ኣብ ቅድሚ

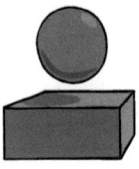

over

ኣብ ላዕሊ

på

ኣብ ልዕሊ

under

ትሕቲ ምድሪ

ved siden af

ኣብ ጥቓ

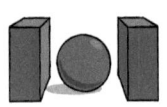

imellem

ኣብ መንጎ

sted

ቦታ